L.K. 153.

ABREGE DES ESTATS TENVS EN
la Ville d'Aix le mois de Feurier mil six cens trente-neuf, par authorité du Roy, & mandement de Monseigneur le Comte d'Alais, Colonel general de la Caualerie legere de France, Gouuerneur & Lieutenant general pour sa Maiesté en ses Pays & Armée de Prouence.

REMIEREMENT, Les Estats ont confirmé Maistres Meyronnet & Beaufort Greffiers des Estats. Maistres Beneron & Coquillat, Acteurs des procés du Pays en l'vne & l'autre Cour. Et M. Honoré Reuest solliciteur dudit Pays, au lieu & place de feu M. Ioannis, aux gages accoustumez, & iusques à autres Estats.

Comme aussi les Sieurs de Thoron & le Roux, Aduocat & Ageant des affaires dudit Pays en Cour, & iusques à autres Estats.

Les Estats ont fait lire les Arrests du Conseil, du mois de Mars 1635. seruant de Reglement, & contenant deffences de faire aucun don & gratifications, comme aussi la Deliberation faicte par l'Assemblée generale des Communautez tenuë à Frejus le mois de Feurier 1636. seruant de Reglement, tant pour la Messe au nom du S. Esprit   e du serment; Lequel Reglement lesdits Estat   l seroit obserué pour ce qui est de la Messe,
                              du que le nombre des assistans aux Estats
                              'il seruiroit seulement pour les Assem-
                    munautez.

             faictes aux Estats de la part de sa Ma-
           Comte d'Alais Gouuerneur, & par

A

Monsieur de Champigny Intendant. La premiere, pour la continuation de l'entretenement de deux Regimens de vingt Compagnies chascun, de la garnison des Isles de Saincte Marguerite & Sainct Honoré, & autres garnisons extraordinaires, & Tours le long de la Coste, mentionnées en l'estat du Roy du vingt-sept Decembre dernier, se montant pour vne année six cens mil sept cens quatre-vingt huict liures, non seulement pour toute cette année, mais encores pendant la guerre. La seconde, à vn secours que le Roy desire du Pays, par vn octroy extraordinaire de quatre cens mil liures, pour subuenir aux affaires de sa Majesté. Et la derniere, pour la despence des troupes durant le quartier d'hyuer se montant deux cens mil liures, y comprenant la despence des Compagnies de Caualerie qui furent renuoyées de cette Prouince en Dauphiné, dont le Roy par son Arrest du Conseil a ordonné le remboursement en faueur du Pays de Dauphiné. Apres plusieurs & diuerses Deliberations & conferances sur les moyens que la Prouince peut auoir de satisfaire aux volontez du Roy, les Estats informez qu'il a esté faict imposition par Messieurs les Procureurs joints, de trente-deux liures six sols pour feu, pour l'entretien desdits deux Regiments, garnisons extraordinaires, & Tours, durant les deux premiers mois de la presente année : Et qu'au moyen de ladite imposition, il ne reste plus à fournir pour toute cette année, que la somme de cinq cens cinq mil liures, considerant que la Prouince estant dans vne extreme impuissance, elle ne peut leuer ladite somme par voye d'imposition, ny mesme faire la fourniture en bled qu'elle s'estoit promise pour subuenir à l'entretien desdites troupes, & garnisons extraordinaires. Ont vnanimement deliberé, qu'il sera imposé la somme de trois cens mil liures sur la Prouince, aux quartiers accoustumez qui seront cy-apres resolus, & les deux cens cinq mil liures restantes pour le parfait desdictes six cens mil liures, se[ront] empruntées par ledit Pays à raison du denier seize, p[our] lesdites sommes employées à l'entretien desdits gen[s] par les mandements de Messieurs les Procureurs du Pays, pour le reste de cette année tant seulement, & sans tirer à consequence, en remettant par mondit Seigneur le Gouuerneur les Lettres Patantes pour la traicte des bleds, aux droicts accoustumez, lequel sera neantmoins tres-humblement supplié, afin que le Pays puisse auoir le credit qu'il a perdu par sa misere, de luy faire obtenir Lettres Patantes de sa Majesté, portant que les debtes cōtractées pour ce sujet seront priuilegées, comme employées pour le bien de ses propres affaires, pour lequel emprunt a esté donné pouuoir ausdits Sieurs Procureurs du Pays, & au Sieur Tresorier Gaillard, de passer toutes les obligations requises & necessaires, dont ils sont releuez par les Estats: moyennant laquelle somme, le Pays demeurera deschargé des autres demandes faites par sa Majesté, tant pour le don gratuit, que quartier d'hyuer; Ensemble de tous Edicts & nouuelles surcharges dont il est menassé. Et de plus, mondit Seigneur sera tres-humblement supplié de faire accorder aux Communautez vn dilay pour le payemēt de leurs cottes, de la somme de six cens quatre-vingts dix mil liures que sa Majesté prend sur les pensions par elles deuës, sçauoir de la moitié pour six mois, & de l'autre moitié six mois apres, & de faire reuoquer la commission des Francs-fiefs, dont la Prouince a esté deuorée depuis quatre ou cinq années. Comme aussi lesdits Estats ont deliberé, qu'au cas qu'il pleust à Dieu de donner la Paix à la France auant la fin de cette année, ladite imposition desd. trois cens mil liures sera reuoquée par lesd. Sieurs Procureurs du Païs, & les emprunts cesseront dez ce iour là, à proportion de temps, & les deniers reuenans bons seront employez à l'acquittement desdits emprunts, sans pouuoir estre diuertis à autres vsages. Et pour euiter les abus, lesdits Sieurs Procureurs du Pays assisteront aux reueuës qui se feront desdites troupes, quartier par quartier, par les Commissaire & Controolleur, lesquels seront payez de leurs taxations en remettant lesdites reueuës.

Sur la requisition faicte par les Sieurs Deputez des Communautez, de l'impossibilité qu'elles ont dans cette saison d'hyuer d'acquitter les impositions de trois cens mil liures destinées pour l'entretien desdites troupes, & qu'il est necessaire de faire plutost les emprunts que lesdites impositions, qui doiuent estre reculées aux deux derniers quartiers de la presente année. Les Estats informez des difficultez qui pourroiét arriuer sur lesdits emprunts, à cause de la protestation faicte par le Pays, dans l'estat du payement des pensions des creanciers de la Prouince, de renoncer au cas que sa Majesté reduisist lesd. pensions au denier vingt, ce qui aura esté payé pardessus ladite cotte iusques au denier seize. Ont vnanimement deschargé lesdits creanciers de cette recherche, & deliberé que leurs pensions leur seront payées purement & simplement sur le pied du denier seize, cóme elles ont esté conceuës, & que le Pays fera instance pour auoir promptement Lettres Patantes, portant authorisation desdits emprunts. Et attendu la notoire misere & pauureté de la Prouince, qui ne luy permet de faire aucune imposition, lesdits Estats ont donné pouuoir à Messieurs les Procureurs du Pays, & audit Sieur Tresorier Gaillard, d'emprunter à raison du denier seize, les sommes necessaires pour l'entretien desdites troupes, iusques au dernier Iuin prochain, & d'en passer pour raison de ce, toutes les obligations requises & necessaires à l'accoustumée, soubs le releuement desdits Estats; & en defaut desdits emprunts, ou de partie d'iceux, dans cette extremité, ont donné pouuoir ausdits Sieurs Procureurs du Pays de faire les impositions iusques à la concurrance dudit entretien pour le susdit temps.

Du depuis, estant le Sieur Imbert Commissaire general des guerres entré dans les Estats, pour y proposer de la part du Roy suiuát la lettre de cachet de sa Majesté addressante ausdits Estats en datte du cinquiéme de ce mois, qu'ils eussent à accorder ladite somme de deux cens mil liures pour ledit quartier d'hyuer, & fait cognoistre ausdits Estats, que dans l'extreme necessité des affaires du Roy, il falloit pouruoir promptement au payement de la recreüe de trois Regiments, & entretien de cinq Compagnies de Caualerie dont cette Prouince, a esté cottisée. Apres plusieurs conferences faictes par les Sieurs Depurez des Estats auec ledit Sieur Imbert, en presence de mondit Seigneur le Gouuerneur, & de mondit Sieur de Champigny.

 Les Estats pour tesmoigner vne entiere obeyssance à sa Majesté, au delà mesmes de leur pouuoir, ont accordé la somme de six vingt mil liures, sans consequence, outre & pardessus la despence que le Pays remboursera aux Communautez de la Prouince, qui ont logé & entretenu les Compagnies de Valauoire, dez le vingt-huictiéme Decembre dernier, & de Tauanes, tant pour sa route iusques à Sallon, que dez le iour de sa sortie dudit Sallon, ensemble des autres Compagnies de Cheuaux-legers qui logerent le mois de Nouembre dernier à la ville de Seyne, & autres lieux à l'enuiron, lesquelles deux Compagnies de Tauanes & de Valauoire deslogeront des à present de la Prouince, où la despence de leur sejour sera deduite & precomptée, ensemble la despence du passage des troupes en ce Pays durant cette année, sur ladicte somme de six vingt mil liures, laquelle sera empruntée au denier seize, à pension perpetuelle, ou à debte à iour, payable dans six ans, dont en sera expedié au quinziéme Mars prochain, la somme de soixante-quatre mil quatre cens liures, par mandement de Messieurs les Procureurs du Pays, pour les recreuës de trois Regimens, & cinq Compagnies de Caualerie qui deuoient venir en cette Prouince, pour accelerer leur passage en Italie, moyennant laquelle somme de six vingt mil liures, la Prouince demeurera deschargée de toutes autres troupes, durant le reste de cette année, & de la poursuite & recherche de la pretendue despence demandée par le Pays du Dauphiné, pour lesdites Compagnies de Caualerie, pour raison dequoy sera remis vn Arrest du Conseil portant descharge desdites pretentions. Comme aussi, ladite Prouince sera deschargée des taxes faictes sur les charges de Tresorier & Greffiers du Pays, des Edits, des Collecteurs, Greffiers des Communautez, Auditeurs des comptes tutelaires, & Experts jurez, ensemble de la Commission des Francsfiefs & nouueaux acquests qu'on veut faire reuiure, & de tous autres Edits & nouueautez qui surchargent le Pays, suiuant les lettres Patantes qu'en seront sur ce expediées & remises ez mains desdits Sieurs Procureurs du Pays, à faute desquelles descharges, les presentes offres seront pour non faictes, estant impossible à ladite Prouince d'emprunter & faire leuer les sommes accordées: Et par la presente Deliberation, & par celle du quatorziéme de ce mois, de la somme de six cens mil liures, ne pouuant en façon quelconque le corps de la Prouince supporter vn si grand effort, si les Communautez en leur particulier se treuuent chargées desdits Edits

Les Estats ont deliberé que la despence faite par les Vigueries pour l'entretenement de la Milice leuée ez mois d'Aoust & de Septembre 1638. & contenuë en l'estat sur ce dressé par Messieurs les Procureurs du Pays, le 24. Ianuier dernier, sera remboursée par le Pays sur le fonds qui sera imposé par lesdits Estats, & sur iceluy expedié les mandements necessaires, & neantmoins qu'en remettant par les autres Communautez & Vigueries de la Prouince, l'estat & pieces iustificatiues de ladite Milice pardeuers le Greffe desdits Estats, il est donné pouuoir ausdits Sieurs Procureurs du Pays, d'icelles liquider sur le pied dudit estat, & d'imposer pour leur rembourcement, le tout exigeable au prochain quartier d'Auril, May, & Iüin, entre icy & le commencement duquel mois d'Auril, lesdites Communautez & Vigueries defaillantes feront proceder à la verification dudit estat, autrement decheuës dudit rembourcement.

Lesdits Estats ont deliberé qu'il sera baillé adherance fauorable par le Pays aux Sieurs Greffiers Ciuils & Criminels de la Cour de Parlement, ceux des Seneschauffées, Submissions, Admirautez, Bureaux Forains, & autres Iurisdictions Royales, & Gardes des petits Sceaux de ce Pays, & à leurs despens, pour ce qui concerne les poursuites contre eux faictes par le Sieur Luguet, & M. du Puy, tant pour le douziéme denier de leur finance, que pour les pretendus profits qu'on presuppose qu'ils ayent faits sur les deniers des deposts, à cause de l'augment des monnoyes, bien qu'ils ayent esté contraints à rendre les mesmes especes qu'ils auoient receuës.

A esté deliberé qu'il sera fait article à sa Majesté en faueur des Sindics des Notaires hereditaires de la Prouince, pour estre deschargez de la poursuite que ledit Sieur Luguet fait contre eux, de luy remettre certaines sommes ausquelles on presuppose qu'ils ayent esté taxez par la Declaration du Roy, du mois de Decembre dernier, par forme de confirmation en l'heredité de leurs Offices, ores qu'ils ne soient nommez dans ladite Declaration, & qu'il aye pleu au Roy les confirmer en l'heredité, par les lettres de sa Majesté, & Arrests de son Conseil.

Sur les plaintes faictes par plusieurs Marchands, Patrons, & autres negocians le long de la Coste, d'vn nouueau droict de deux pour cent, que Monsieur le Duc de Sauoye fait leuer sur toutes les Marchandises venans de cette Prouince, & passant par les Mers de Ville-Franche, ses Officiers contraignants lesdits Marchands à payer ledit droict, soit qu'ils abordent dans le Port de Nice, ou de Ville-franche, soit qu'ils ne fassent que passer, mesme faisans canal à cent cinquante mille desdites terres de Sauoye, courants à main-armée sur lesdits Marchands, lors qu'ils reuiennent de descharger leur marchandise à Gennes, ou à autres lieux de l'Italie, saisissans leurs personnes, & confisquans leurs Barques & Marchandises, estans contraints d'aller à Thurin pour demander Iustice, ce qui reuient à la ruyne entiere du peu de commerce qui reste. Les Estats ont deliberé qu'il sera fait article au Roy pour faire cesser lesdits abus, & pour supplier sa Majesté de permettre aux habitans de cette Prouince de resister à main-armée contre les violances desdits Officiers de Sauoye, & de leur accorder les represailles pour les sommes qui ont esté indeuëmét extorquées aux subjets de sa Majesté.

Sur ce qui a esté remarqué qu'il seroit necessaire de faire reglement sur les Liures que les Marchands tiennent en debitant leurs marchandises, à cause que les fils de famille, les femmes, & autres personnes qui sont en la puissance d'autruy, prenants lesd. marchandises, & les Marchands les mettant sur le compte du pere, du mary, ou du maistre, ils se trouuent obligez contre leur gré & consentement, & sans leur sçeu, ce qui donne la liberté à la ieunesse, & les oblige à la desbauche, prenant le plus souuent des marchandises, & les vendant pour auoir de l'argent, & outre ce, lesd marchads mettent le prix des marchandises dans leur Liure comme de marché fait. Les Estats ont deliberé qu'il sera fait article au Roy, portant qu'à l'aduenir les Liures des Marchands ne feront aucune foy contre les particuliers y denommez, si les fournitures ne sont par eux signées, ou par vn tesmoin, au cas qu'ils ne sçachent escrire, & au cas qu'il ne se presente promptement occasion pour porter ladite supplication à sa Majesté, Messieurs les Procureurs du Pays bailleront requeste à la Cour de Parlement pour faire authoriser le susdit reglement, & le faire obseruer par toute la Prouince.

Sur la plainte faicte par la Communauté de Chasteau-renard de ce qu'ayant Damoiselle Françoise de Pelletier donné aux Peres Iesuites de la ville d'Auignon, vne grange auec son affar de la contenance d'enuiron quarante charges de terre en semence, qui de tout temps a esté alliurée, & payé les tailles comme les autres biens, lesdits Peres Iesuistes ont obtenu Lettres Patentes de sa Majesté pour se faire declarer exempts des impositions qui se feroient à l'aduenir, de quelle nature qu'elles soient, fors la taille Royalle : Et au lieu de les addresser à la Cour des Comptes, leurs Iuges ordinaires, pour les faire verifier : au contraire, ils ont faict assigner ladite Communauté au Conseil Priué de sa Majesté, où l'instance est pendante, requerant que le Pays s'y joigne pour son interest, attendu la consequence pernicieuse que semblables

Lettres

Lettres pouroient tirer, en faueur des autres Ecclesiastiques de la Prouince, qui se pourroient rendre aussi considerables, enuers le Roy, & le public. Les Estats ont deliberé que le Pays prendra la cause & faict en main, tant pour ladite Communauté de Chasteau-Renard, & de Noues qui a le mesme interest, que autres de la Prouince de mesme nature, afin de faire debouter tous ceux qui pourroient poursuiure les mesmes descharges, & auoir les mesmes pretentions.

Les Estats ont deliberé que la Communauté du Martigues entrera & aura sceance aux Estats & Assemblée du Pays, pour y porter voix & opinion deliberatiue comme les autres Communautez de la Prouince qui ont accoustumé d'y assister.

Sur le remboursement demandé au Pays par les Villes & Vigueries de Digne, Apt, Moustiers, & autres Communautez qui ont supporté le logement & despence de la Compagnie d'Ordonnance de Monseigneur le Gouuerneur, durant le temps de deux mois & demy de l'année derniere, qu'elle a esté sur pied, tant au quartier que à la route. Les Estats ont deliberé que ladicte despence soufferte par lesdites Communautez de la Prouince durant le susdit temps, sera remboursée par le Pays au taux & reglement dudit Pays, suiuāt la liquidation qu'en sera faicte par Messieurs les Procureurs du Pays, sur le fonds que pour cet effet sera mis & imposé par lesdits Estats, sans desroger à l'Arrest du Conseil du dernier Mars 1635. & sans consequence, & neantmoins attendu que par ledit Arrest le Roy se charge d'en supporter la despence, tres-humbles remonstrances seront faictes à sa Majesté pour en ordonner le remboursement audit Pays.

Monsieur d'Espinouse premier Consul d'Aix Procureur du Pays, a representé qu'apres auoir accordé à sa Majesté beaucoup plus que les forces de la Prouince ne peuuent permettre, il semble qu'il ne luy reste plus rien que les cœurs des particuliers, pour offrir à Monseigneur le Gouuerneur, & leurs voix pour luy donner des tesmoignages des extremes obligations qu'elle luy a,

B

neantmoins parce que les bonnes volôtez des peuples paroissent plus dans les effects que dans les discours, & que les faueurs que tous les ordres de cette Prouince ont receuës de luy, estans au delà des grandes esperances qu'on en auoit conceuës, il faut aussi que ses recognoissances soient au delà de leur puissance. Il seroit à propos que les Estats deputassent vers sa Grandeur, pour la supplier d'auoir agreable qu'on luy presente les tres-humbles seruices de tous ceux qui composent cette Assemblée, & ce que leur reste de bien & de fortunes, auec cette asseurance qu'ils ne regrettent leur impuissance & misere, que pour n'auoir pas dequoy dignement recognoistre les graces qu'ils ont receuës de sa bonté.

Surquoy, les Estats d'vne commune voix ont prins resolution d'aller en corps vers mondit Seigneur le Gouuerneur, pour apres luy auoir donné des preuues des sentiments qu'ils ont de ses faueurs, luy presenter tout ce qu'ils ont des moyens, & le supplier tres-humblement de les auoir agreables, & d'en disposer tout ainsi qu'il luy plairra; ce qui a esté à l'instant executé, & lesdictes offres portées par la bouche de Monsieur l'Archeuesque d'Aix Presidant aux Estats. Mondit Seigneur leur a fait cognoistre que la passion qu'il a euë pour tous les corps de cette Prouince, n'a pas esté pour se preualoir de leurs cômoditez, ny pour espuiser leurs bourses, que côme ils ont coneu depuis l'ouuerture des Estats que toutes ses intentions ne vont qu'à faire seruir le Roy, & luy faire donner le secours que la necessité de ses affaires requiert, ils cognoistront maintenant qu'il n'a d'inclination que pour soulager la Prouince dans les extremes miseres, où auec douleur il la voit reduite; qu'il fait bien plus de cas de leur affection que de leurs moyens, & qu'il estime plus leurs cœurs que toutes les richesses qu'ils luy pourroient offrir, & a conuié l'Assemblée de penser plustost aux remedes pour adoucir les maux du peuple, qu'à les augmenter par des liberalitez en son endroit, desquelles neantmoins il a tesmoigné demeurer satisfait, & protesté qu'il ne se departira iamais du desir qu'il a de leur rendre tous les offices qui seront en son pouuoir, dequoy il a esté tres-humblement remercié par tous les assistants qui se sont rendus à mesme temps au lieu de l'Assemblée, pour continuer de trauailler aux affaires de la Prouince.

A esté deliberé qu'à l'aduenir la Communauté de Vins sera rangée & reunie dans le Vigueriat de Brignole, qui sera augmenté de deux tiers de feu, que ledit lieu est affoüagé, & le Vigueriat de Draguignan d'autant deschargé, dont sera fait nota à l'Affoüagement general de la Prouince, sans consequence, à laquelle Deliberation, les deputez de la Ville & Viguerie de Draguignan ont protesté pour leur interest.

Les Estats ont deliberé qu'il sera fait article au Roy pour faire descharger les habitans du lieu des Omergues, & autres de la Prouince, des vexations, indeuës poursuites que les Commis de la Doüane de Valence leur font, lors que les habitans dudit lieu, ceux de Sederon, Aygalaye, & Barret, qui sont enclauez dans le Dauphiné, veulent trauerser d'vn lieu à l'autre, & vendre leurs danrées, leur saisissant icelles, auec le bestail le transportent où bon leur semble dans ledit Dauphiné, le confisquent & le vendent par apres sans aucune formalité.

Les Estats ont deliberé qu'il sera baillé adherance par le Pays, par tout où besoing sera aux Religieux originaires du Conuent Royal des Freres Prescheurs reformez de S. Maximin, & à leurs despens, pour estre maintenus & conseruez dans leurs priuileges, & nomination d'vn Prieur originaire de cette Prouince.

Sur ce qui a esté proposé de faire reglement sur la forme des opinions qui doiuent estre prinses apres que les propositions ont esté faictes, estant incertain s'il sera meilleur d'escrire le nom des opinants, auec leurs opinions dans le brouillard, ou de tirer en ligne, & marquer lesdites opinions par nombre, ainsi qu'on a souuent accoustumé.

Les Estats, apres plusieurs arraisonnements & ouuertures, ont deliberé qu'à l'aduenir les Greffiers tiendront memoire dans vn papier separé de leur brouillard, du nom, & de l'opinion particuliere d'vn chascun, apres quoy ils tireront en ligne dans ledit brouillard, le nombre desdites opinions, pour sçauoir celle qui preuaudra, & qui deura estre suiuie, & à l'instant ledit memoire contenant le nom des opinants, sera deschiré.

Les Estats ont debouté les Communautez de Tourues, Fayence, Roquebrune & Vence, de l'entrée qu'ils demandoient en iceux, pour euiter la consequence, & neantmoins qu'à l'aduenir nulle autre Communauté n'y pourra estre reçeuë, pour ne causer dauantage de despence à la Prouince.

Sur la plainte faicte par les Communautez de Forcalquier, Apt, & S. Remy, de ce que les habitans de ce Pays vont prendre de vin dans le Comtat, quoy qu'il ne soit pas permis à ceux dudit Comtat d'en venir prendre en ce Pays. Les Estats, conformement aux precedentes Deliberations, mesmes de 1624. ont resolu que Monseigneur le Gouuerneur sera tres-humblement supplié de faire expedier Ordonnance, portant deffences à tous les habitans de cette Prouince d'aller prendre du vin dans ledit Comtat, à peine de confiscation du bestail, & telles autres peines qu'il plairra à mondit Seigneur d'arbitrer.

A esté deliberé qu'il sera fait article au Roy, à ce qu'il plaise à la Majesté de faire cognoistre à sa Saincteté les difficultez que Monsieur le Vice-legat apporte de bailler de pareatis pour exploiter les habitans du Comtat aux affaires Ciuiles & Criminelles, quoy que ceux dudit Comtat ayent de pareatis à toute heure contre ceux de ce Pays, & par mesme moyen luy ordonner de rendre la Iustice aux subjets du Roy, ainsi que ceux du Comtat reçoiuent dans ce Pays.

Les Estats ont deliberé, que remettant par Mr. le Comte de Carces l'Arrest du Conseil qu'on dit auoir esté donné seruant de reglement, pour les apointements de sa charge de Lieutenant de Roy en cette Prouince, en consequence de la Deliberation faicte par l'Assemblée generale des Communautez, tenuë le mois de

Mars dernier, Messieurs les Procureurs du Pays luy en expedieront mandement sur le fonds que pour cet effect sera par eux mis & imposé.

Sur la proposition faicte de proceder à la nomination de Messieurs les Procureurs du Pays joints, tant du Clergé, de la Noblesse, que du tiers Estat, pour exercer leurs charges iusques à autres Estats à l'accoustumée, s'estant meu discours que sur l'incertitude qu'il y a de la tenuë des Estats, il seroit necessaire de rendre lesdites charges annuelles, & en eslire pour quelques années, y ayant eu contestation sur ce sujet à cause de la nouueauté. Les Estats ayans fait courir les voix, par la pluralité des opinions ont deliberé que lesdites charges de Procureurs joints seront annuelles, & qu'il y sera pourueu presentement pour quatre années, que sont 1639. 1640. 1641. & 1642.

Et procedant à la nomination desdits Sieurs Procureurs joints, ayant fait courir les voix, les Estats ont esleu pour Procureurs joints pour la presente année mil six cens trente-neuf, Messieurs les Euesques de Senés & de Digne pour le Clergé. Les Srs. Baron de Toures & de Flayose pour la Noblesse. Et les Communautez des Mées & Antibes prises à tour de roolle pour le tiers Estat.

Pour l'année mil six cens quarante, Messieurs les Euesques de Frejus & de Glandeués pour le Clergé. Les Sieurs d'Esparron & de Vauclause pour la Noblesse. Et les Communautez de Vallansolle & Lambesc pour le tiers estat, prinses aussi à tour de roolle.

Pour l'année mil six cens quarante-vn, Messieurs les Euesques d'Apt & de Grasse pour le Clergé. Les Sieurs d'Allen & de Maillane pour la Noblesse. Et les Communautez de Tretz & Cuers pour le tiers estat prinses à tour de roolle.

Et pour l'année mil six cens quarante-deux, Messieurs les Euesques de Sisteron & de Riez pour le Clergé. Les Sieurs de Beaudisnar & de Chasteau-Arnoux Bandol pour la Noblesse. Et les Communautez de Rians & d'Olioulles pour le tiers estat, prinses à tour de roolle.

Sur ce qui a esté remonstré qu'il seroit aussi à propos de proceder à la nomination des Sieurs Auditeurs du compte que le Sr. Gaillard Tresorier du Pays rendra pour la presente année.

Les Estats ayants treuué bon de nommer pour lesdites quatre années 1639. 1640. 1641. & 1642. ayant fait courir les voix. Pour assister à l'examen du compte dudit Sr. Tresorier Caillard, de la presente année 1639. ont prié Mōsieur l'Archeuesque d'Aix premier Procureur du Pays nay, d'y assister, ou sō Vicaire general, & ont deputé le Sieur de la Forest d'Admirat pour la Noblesse. Messieurs les Procureurs du Pays de ladite année. Le Sieur Sindic du tiers Estat. Et les Communautez d'Yeres & Draguignan prinses à tour de roolle, & les Greffiers des Estats.

Et pour assister à celuy de l'année 1640. lesdits Estats ont prié Monsieur l'Archeuesque d'Aix d'y assister, ou son Vicaire general, & ont deputé le Sieur du Gast pour la Noblesse, Messieurs les Procureurs du Pays de ladite année, le Sindic du tiers Estat, & les Communautez de Tholon & Digne prinses à tour de roolle, & les Greffiers des Estats.

Pour l'année 1641. lesdits Estats ont prié Monsieur l'Archeuesque d'Aix d'y assister, ou son Vicaire general, & ont deputé le Sieur du Bignosc de Glandeués pour la Noblesse, Messieurs les Procureurs du Pays de ladite année, le Sindic du tiers Estat, & les Communautez de S. Paul & Moustiers prinses à tour de roolle, & les Greffiers des Estats.

Et pour l'année 1642. lesdits Estats ont prié Monsieur l'Archeuesque d'Aix d'y assister, ou son Vicaire general, & deputé le Sr. de Chasteau-neuf d'Vpio pour la Noblesse, Messieurs les Procureurs du Pays de ladite année, le Sindic du tiers Estat, & les Communautez de Castellane & Apt prinses à tour de roolle, & les Greffiers des Estats.

Sur ce qui a esté remonstré que s'estans Messieurs les Deputez des Estats assemblez le vingtiéme de ce mois dans l'Archeuesché pour examiner les pretentions du Sieur Gaillard sur la charge de

Tresorier du Pays, & terminer les plaintes contre ses Commis, ils y ont apporté toutes les considerations necessaires pour regler le tout, les ayans fait mettre sur le papier pour en estre faicte lecture aux Estats; & les passer par deliberation: Et d'autant qu'il est necessaire de luy passer le cõtract conformemét ausdits articles, attendu que le precedant doit finir en la presente année, il faut aussi que les Estats leur donnent le pouuoir de ce faire pour tel temps qu'il sera aduisé, & qu'ils deliberent sur l'offre faicte par ledit Sieur Gaillard, de mettre en fonds de terre la somme de soixante-mil liures pour seruir d'asseuráce audit Pays, & au moyen de ce, d'estre deschargé de bailler caution, ou bien de prester au commencement de l'année prochaine pareille somme de soixante mil liures, à raison du denier seize, dez le iour dudit prest, pour luy estre renduë au bout de sa tenuë.

Lecture ayant esté faicte des articles, resolu dans la susdicte Conferance, en appreuuant iceux (qui seront mis sur la Presse, & expedié extraict à chasque chef de Viguerie pour y estre satisfait) Les Estats ont donné pouuoir à Messieurs les Procureurs du Pays de passer le contract auec ledit Sieur Gaillard, conformement ausdits articles, & pour le temps de quatre années, comptables en celle de mil six cens quarante, & finissant le dernier Decembre mil six cens quarante-trois, aux gages de trois mil liures accoustumez, en prestant au Pays par ledit Sieur Gaillard (suiuant son offre) au commancement desdites quatre années, la somme de soixante mil liures, à raison du denier seize, que tiendront lieu de sa caution, payable par ledit Pays au bout desdites quatre années, ensemble les interests à la fin de chascune année, lesquels il retiendra par ses mains. Et à ces fins lesdits Estats ont donné pouuoir ausdits Sieurs Procureurs du Pays, de faire les impositions necessaires pour le remboursement au bout desdites quatre années, tant desdites soixante-mil liures, que interests, en fin de chascune année.

Les Estats ont donné pouuoir à Messieurs les Procureurs du

Pays, de traiter & terminer diffinitiuement, & le plus aduantageusement pour la Prouince qui leur sera possible, l'affaire de Monsieur de Lauson, & celle de Monsieur de Champigny Intendants, concernants leurs apointements à raison de 600. liures le mois, pour raison dequoy ledit Sieur de Lauson a obtenu trois Arrests du Conseil, & contraintes contre le Pays & Sieur Tresorier Gaillard, iceluy fait emprisonner & gager, & neantmoins ont deliberé que le Roy sera tres-humblement supplié d'expedier ses Lettres Patantes, portant deffences de pouuoir emprisonner le Tresorier du Pays, ny saisir les deniers de sa charge qui ont leur destination particuliere, à peine de nullité de procedure, despens dommages & interests dudit Pays.

A esté deliberé qu'il sera fait article au Roy pour faire restablir les Sieurs Commissaires dans cette Prouince, pour les prouisions des Notaires, qu'on appelle Matriculaires, & des Sergents, pour leur esuiter d'aller prendre leurs prouisions à Paris, comme ils sont poursuiuis.

Les Estats ont deliberé qu'il sera fait article au Roy pour faire renouueller les deffences faictes par sa Majesté au Parlement du Dauphiné, de commettre de Conseillers dudit Parlement pour l'execution de leurs Arrests, mais bien de les renuoyer à des Iuges Royaux & graduez plus prochains dans cette Prouince, faire dire que les Conseillers qui contre lesdites deffences viendront faire de commissions, seront tenus de tous despens dommages & interests du Pays, & les obliger aussi en jugeant les procés euoquez, de garder les loix, vz & Coustumes de cedit Pays.

Lesdits Estats sans approbation de la nouuelle Chancellerie establie à la Cour des Comptes, & sauf de la faire supprimer, ont deliberé qu'il sera poursuiuy pardeuers sa Majesté vn reglement moderé sur la taxe des expeditions d'icelle.

Comme aussi a esté deliberé qu'il sera fait article au Roy pour faire declarer que suiuant l'ancien vsage de la Prouince, il ne sera deub aucun lods pour les collocations faictes pour le payement
des

des legats faits aux enfans pour les dots, & au tres droits succeſſifs ou de legitime, ny pour les collocations, ou baux en paye qui ſe font pour les cauſes ſuſdites, ſur les fiefs relevants de ſa Majeſté.

A eſté deliberé que ſa Majeſté ſera tres-humblement ſuppliée de ſe conſerver la liberté des droits de lods pour en diſpoſer en faveur de ſa Nobleſſe qui l'aura merité par ſes ſervices, attendu qu'il vient en notice qu'il y a quelques-vns qui pourſuivent à preſent de faire affermer leſdits droits.

Les Eſtats ont deliberé qu'il ſera baillé adherance à la Communauté de Sainct Remy, & à ſes deſpens, au procez qu'elle a pendant pardevant la Cour des Comptes, pour eſtre deſchargée du payement des droits d'inquant, puis qu'elle paye le droit de latte à quoy le Pays a intereſt pour eſtre vne pure nouveauté.

Leſdits Eſtats, conformement à la Deliberation de l'Aſſemblée generalle des Communautez, tenuë le mois de Mars dernier; Ont reſolu qu'il ſera fait article au Roy, pour ſupplier tres-humblement ſa Majeſté de permettre aux Communautez de ſe pourvoir pardevant les Lieutenants de Seneſchal, pour avoir les contraintes requiſes à la levée des tailles & impoſitions, attendu que par le Reglement fait en l'annee 1608. ils ſe treuvent les premiers Iuges au fait deſdites tailles, ſauf & reſervé la Iuriſdiction de la Cour des Comptes, conformement audit reglement.

Comme auſſi que ſa Majeſté ſera tres-humblement ſuppliée de deſcharger les Communautez de la Province de l'aſſignation à elles donnée, de porter ou envoyer leurs tiltres & documents au Conſeil ſur le faict de la revente du domaine, bien que de tout téps la procedure en aye faicte en ce Pays. Et par meſme moyen, au cas qu'il plaiſe à ſa Majeſté de faire revendre ſon domaine en cette Province, ordonner qu'il y ſera procedé pardevant Monſieur de Champigny Intendant.

A eſté deliberé que nonobſtant les paſſeports & pareatis donnez aux Bohemiés, les Arreſts de la Cour ſeront executez, & à ces fins permis aux Conſuls des villes & lieux de ce Pays, de les faire sortir de leurs Villes, & si besoin est de les faire emprisonner, conformement aux Deliberations des precedents Estats.

Les Estats ont deliberé qu'il sera fait article au Roy, à ce que luy plaise ordonner, que nulle leuée d'aucun nouueau droict sera faicte en cette Prouince, sans qu'il ayt esté verifié par les Iuges à qui la cognoissance en appartiendra.

Lesdits Estats ont resolu, que la despence faicte par les Communautez de la Prouince, pour les gardes establies l'année derniere le long des Ports de la Riuiere de Durance, & du Rosne, pour empescher que la maladie de Lyon ne fust communiquée en cette Prouince, sera taxée & liquidée par Messieurs les Procureurs du Pays, pour estre par apres rembourcée ausdites Communautez en la premiere Assemblée generalle apres la paix.

A esté deliberé que les despences faictes par les Communautez de la Prouince, qui entrent aux charges du Pays, au logement & entretenement des Compagnies de Tauanes & de Valauoyre, & de sept Compagnies de Caualerie, logées le mois de Nouembre dernier aux enuirons de Seyne, Digne, & Sisteron, seront rembourcées par la Prouince au taux & reglement du Pays, suiuant la liquidation qu'en sera faicte par Messieurs les Procureurs dudit Pays, & sur le fonds qui sera imposé par les Estats, exigeable au quartier d'Octobre, Nouembre, & Decembre de la presente année.

Sur ce qui a esté proposé par les Deputez de quelques Communautez, que lors du dernier Affoüagement de la Prouince, fait en l'année mil quatre cent septante-vn, y ayant eu plusieurs lieux qui estoient entierement possedez, ou par les Ecclesiastiques, ou par les Gentils-hommes, ne furent point affoüagez, lesquels ayant esté depuis deffrichez, & cultiuez par des particuliers qui ne peuuent point jouyr de l'exemption des tailles, il seroit raisonnable qu'ils fussent à present affoüagez, pour ayder à supporter les grandes charges de la Prouince, & principalement puis qu'on a veu dans les presents Estats, qu'il y a plusieurs lieux affoüagez qui ont protesté de vouloir abandonner, pour n'auoir pas dequoy supporter lesdites charges, & ainsi il arriueroit que si d'vn costé le foüage estoit retranché par ledit abandonnement, il seroit supleé d'autre-part par l'affoüagement desdits lieux.

Les Estats ont deliberé qu'il sera procedé à l'affoüagement desdits lieux non comprins en celuy de l'année mil quatre cens septante-vn, qui sont de la qualité & nature de pouuoir estre affoüagez, & pour cet effect, Messieurs les Deputez en feront les instances aupres de sa Majesté, telles qu'ils trouueront necessaires.

Les Estats jugeants vne deputation à la Cour necessaire, tant pour poursuiure les descharges resoluës par les Estats, que pour presenter le cayer de la Prouince, des tres-humbles remonstrances qui doiuent estre faictes à sa Majesté, ont deputé à l'effect que dessus, les Sieurs d'Espinouse & Gauffridy premier Consul & Assesseur d'Aix Procureurs du Pays.

Impositions.

POur la solde du Sieur Preuost des Mareschaux, ses Lieutenants, Greffier & Archers, les Estats ont imposé vne liure cinq sols pour feu pour chascun quartier, & iusques à autres Estats, commençant au prochain quartier d'Auril, May, & Iuin.

Pour payer le courant des fastigages des garnisons de ce Pays, les Estats ont imposé vne liure six sols pour feu pour chascun quartier, & iusques à autres Estats, commençant audit prochain quartier d'Auril.

Pour payer la compensation des tailles de Messieurs les Officiers de l'vne & l'autre Cour, a esté imposé vne liure cinq sols pour feu, exigeable au quartier d'Octobre de chascune année, &

iufques à autres Eſtats, commançant au prochain quartier d'Octobre.

Pour payer la penſion des quatre-vingts mil eſcus empruntez par le Pays, & accordez au Roy par octroy extraordinaire, en l'année 1622. les Eſtats ont impoſé quatre liures vn ſol pour feu, exigeables au quartier de Ianuier, Feurier, & Mars de chaſcune année, & iuſques à autres Eſtats, commançant à celuy de Ianuier de l'année prochaine mil ſix cens quarante.

Pour payer le courant de la penſion de deux cens trente-deux mil ſix cens cinquante liures empruntées en l'année 1633. pour payer au Roy: Les Eſtats ont impoſé cinq liures pour feu, exigeables aux quartiers d'Auril & de Iuillet de chaſcune année eſgalement, & iuſques à autres Eſtats, commançant auſdits deux quartiers de la preſente année.

Pour payer le courant de la penſion des trois cens cinquante-neuf mil cinq cens quarante-vne liure huict ſols, empruntées par le Pays en l'année mil ſix cens trente-quatre, pour payer au Roy; A eſté impoſé huict liures pour feu, exigeable moitié au quartier de Iuillet prochain, pour payer leſdictes penſions des ſix derniers mois de cette année, & l'autre moitié au quartier d'Octobre de cettedite année, pour payer les penſions des ſix premiers mois de l'année prochaine 1640. & ainſi continuant iuſques à autres Eſtats.

Pour payer les penſions des cinquante-neuf mil liures empruntées par le Pays en l'année 1635. à tant moins des ſommes accordées au Roy: Les Eſtats ont impoſé vingt-quatre ſols ſix deniers pour feu, exigeable au quartier de Iuillet, Aouſt, & Septembre de chaſcune année, & iuſques à autres Eſtats, commançant au prochain quartier de Iuillet.

Pour le payement de la ſomme de cinquante-vn mil liures, accordees par Arreſt du Conſeil, du dernier Mars 1635 à Monſeigneur le Gouuerneur, tant pour ſon plat & entretenement extraordinaire, que pour la ſolde & entretenement de ſes Gardes pour chafque année; A efté impofé quatre liures cinq fols fix deniers pour feu pour chacun quartier, & iufques à autres Eftats, commançant au prochain quartier d'Auril, May, & Iuin.

Pour les gages des Officiers, frais des procés, meffageries, voyages en Cour, & dans le Pays, & autres cas inopinez: Les Eftats ont impofé quinze liures pour feu, exigeables dans les trois derniers quartiers de la prefente année efgalement, à raifon de cinq liures pour feu pour chafcun.

Pour le rembourcement de la defpence faicte pour les Milices ez mois d'Aouft & Septembre 1638. mentionnée en l'eftat fait par le Pays le vingt-quatriéme Ianuier dernier: Les Eftats ont impofé huict liures dix fols pour feu, exigeables audit quartier d'Auril prochain.

Pour le rembourcement de la defpence foufferte par les Communautez de la Prouince, pour l'entretenement de la Compagnie d'Ordonnance de Monfeigneur le Gouuerneur durant deux mois & demy qu'elle a demeuré fur pied, tant au quartier, qu'à la route dans l'année derniere: Les Eftats ont impofé fept liures douze fols pour feu, exigeables au quartier d'Octobre, Nouembre & Decembre de la prefente année.

Pour le payement de la fomme de douzemil liures refoluë par les Eftats, pour la reuocation de l'Edict fait fur les Hoftes & Cabaretiers de ce Pays, fuiuant l'Arreft du Confeil; A efté impofé quatre liures deux fols pour feu, exigeables au quartier de Iuillet, Aouft, & Septembre prochain, fauf au Pays fon rembourcement de ladite fomme fur lefdits Hoftes & Cabaretiers, conformemét audit Arreft du Confeil, fuiuant le depart qu'en fera fait par Meffieurs les Procureurs du Pays, fur le roolle d'iceux Hoftes, qui feront remis par les Confuls Chefs de Viguerie de la Prouince.

Pour le payement de la fomme des trois cens mil liures accordées à fa Majefté pour l'entier payement de fix cens mil liures deftinees pour l'entretien des deux Regiments, Garnifons extraordinaires, & Tours, le long de la Cofte, durant la prefente année; A esté imposé cent vne liure pour feu, exigeables aux deux derniers quartiers de Iuillet & Octobre de cettedite année esgalement, à raison de cinquante liures dix sols pour feu pour chascun.

Pour le rembourcement de la despence de la Compagnie de Gendarmes de Tauanes, celle de Cheuaux-legers de Valauoyre, & des sept autres Compagnies venuës d'Italie le mois de Nouembre dernier; A esté imposé dix liures vn sol pour feu, exigeables au prochain quartier d'Octobre, Nouembre, & Decembre.

Et pour le payement de la somme de deux mil deux cens cinquante liures adiugées par Arrest de la Cour des Comptes à Iean Honoré Gautier de Seillans, pour le prix de cent charges de bled fournies aux munitionnaires des troupes en l'année 1636: Les Estats ont imposé seize sols pour feu, exigeables audit prochain quartier d'Auril.

Sur la requisition faicte par les Sieurs Deputez des Communautez & Vigueries, de ce qu'il est absolument necessaire d'auoir copie des resolutions importantes faictes par les presents Estats, afin que chacun puisse raporter dans leur Conseil ce qui est porté par lesdites Deliberations, notamment les grandes Impositions.

Les Estats ont vnanimement deliberé, que le tout sera mis sur la Presse par abregé, & apres baillé copie à chascun desdits Sieurs Deputez, pour le rapporter dans leur Conseil, afin d'y estre satisfait.

De tout ce que dessus en appert plus au long par les Deliberations faictes ausdits Estats, ausquelles ie Greffier d'iceux Estats soubs-signé, me rapporte.

Signé MEYRONNET, Greffier.

www.ingramcontent.com/pod-product-compliance
Lightning Source LLC
Chambersburg PA
CBHW060552050426
42451CB00011B/1870